高职高专汽车类专业技能型教育教材

车用柴油机电控技术

第 2 版

实 训 工 单

U0365609

主编 郭建樑 赵培全 赵 洁

机械工业出版社

实 践 教 学

项目二　几种类型的柴油机电控系统（4 课时）

实训项目 1

实训内容：柴油机单体泵燃油系统认知。

实训器材：整车实训车辆（单体泵柴油机）、单体泵柴油机试验台架、三角挡块等。

实训指导：

1. 参考学时及实训建议

本实训项目计划 2 课时；采用分组轮流实训的方法，每组学生需配备一名实践指导教师，负责对学生组织、管理、示范、指导、讲解以及安全操作。

2. 操作步骤

（1）若是整车实训车辆，需具有驾驶资质的实践指导老师把车辆停放在安全、方便操作的场地。

（2）若是试验台架，则由实践指导老师检查排除安全隐患，确保发动机工作正常。

（3）关闭点火开关或断开蓄电池电源。

（4）观察车型、发动机型号以及燃油系统。

（5）相关信息可记录或拍照留存。

3. 实训报告

实训报告

班级		实训者		时间	
实训项目	柴油机单体泵燃油系统认知				
实训目的	熟悉燃油系统高、低压部件、管路连接				
准备工具	现场记录笔记本、笔				
注意事项	规范操作、防止燃油泄漏、注意个人安全				
实训过程	车型：＿＿＿＿＿＿＿；发动机型号＿＿＿＿＿＿＿；燃油系统： 1. 低压燃油系统 1）低压燃油系统组成				

实训过程	2)低压燃油系统相关部件、管路结构图 2. 高压燃油系统 1)高压燃油系统组成 2)高压燃油系统相关部件、管路结构图
实训结论	
疑问	
指导教师	实训评价

实训项目2

实训内容：柴油机高压共轨燃油系统认知。

实训器材：整车实训车辆（高压共轨柴油机）、高压共轨柴油机试验台架、三角挡块等。

实训指导：

1. 参考学时及实训建议

本实训项目计划2课时；采用分组轮流实训的方法，每组学生需配备一名实践指导教师，负责对学生组织、管理、示范、指导、讲解以及安全操作。

2. 操作步骤

（1）若是整车实训车辆，需具有驾驶资质的实践指导老师把车辆停放在安全、方便操作的场地。

（2）若是试验台架，则由实践指导老师检查排除安全隐患，确保发动机工作正常。

（3）关闭点火开关或断开蓄电池电源。

（4）观察车型、发动机型号以及燃油系统。

（5）相关信息可记录或拍照留存。

3. 实训报告

班级		实训者		时间	
实训项目	柴油机高压共轨燃油系统认知				
实训目的	熟悉燃油系统高、低压部件、管路连接				
准备工具	现场记录笔记本、笔				
注意事项	规范操作、防止燃油泄漏、注意个人安全				
实训过程	车型：_____；发动机型号_____；燃油系统： 1. 低压燃油系统 1) 低压燃油系统组成 2) 低压燃油系统相关部件、管路结构图 2. 高压燃油系统 1) 高压燃油系统组成 2) 高压燃油系统相关部件、管路结构图				
实训结论					
疑问					
指导教师		实训评价			

项目三　柴油机电控燃油系统结构与原理（8课时）

实训项目3

实训内容：温度类、进气压力类传感器。

实训器材：整车实训车辆、柴油机试验台架、各种温度类传感器、进气量检测传感器、加热装置、温度计以及三角挡块。

实训指导：

1. 参考学时及实训建议

本实训项目计划2课时；采用分组轮流实训的方法，每组学生需配备一名实践指导教师，负责对学生组织、管理、示范、指导、讲解以及安全操作。

2. 操作步骤

（1）若是整车实训车辆，需具有驾驶资质的实践指导老师把车辆停放在安全、方便操作的场地。

（2）若是试验台架，则由实践指导老师检查排除安全隐患，确保发动机工作正常。

（3）关闭点火开关或断开蓄电池电源。

（4）观察各种温度传感器、安装位置。

（5）相关信息可记录或拍照留存。

3. 实训报告

实训报告

班级		实训者		时间	
实训项目	温度类、进气压力类传感器				
实训目的	熟悉温度类、进气压力类传感器实物、安装位置以及热敏电阻特性				
准备工具	现场记录笔记本、笔				
注意事项	拆装时注意冷却液喷溅，加热时防止烫伤				
实训过程	（1）温度类、进气压力类传感器安装位置（记录如下） （2）观察并记录温度类、进气压力类传感器插接器（画一下插接器） 				

	(3)各种温度传感器特性检测
	1)当时环境温度时各种温度传感器的电阻值

2)各种温度传感器加温时的电阻值变化

冷却液温度与传感器电阻值的关系

温度/℃	电阻值/Ω	温度/℃	电阻值/Ω
20		60	
30		70	
40		80	
50		90	

3)判断各种温度传感器是正温度系数还是负温度系数

实训过程

(4)进气量传感器

分析判断进气量传感器类型、内部功能及端子含义

1)三端子进气量传感器

2)四端子进气量传感器

3)五端子进气量传感器

实训结论	
疑问	

指导教师		实训评价	

实训项目 4

实训内容：加速踏板位置传感器/转动类传感器。

实训器材：整车实训车辆、柴油机试验台架、各种加速踏板位置传感器、转动类传感器以及三角挡块。

实训指导：

1. 参考学时及实训建议

本实训项目计划 2 课时；采用分组轮流实训的方法，每组学生需配备一名实践指导教师，负责对学生组织、管理、示范、指导、讲解以及安全操作。

2. 操作步骤

（1）若是整车实训车辆，需具有驾驶资质的实践指导老师把车辆停放在安全、方便操作的场地。

（2）若是试验台架，则由实践指导老师检查排除安全隐患，确保发动机工作正常。

（3）关闭点火开关或断开蓄电池电源。

（4）观察加速踏板位置传感器/转动类传感器、安装位置。

（5）相关信息可记录或拍照留存。

3. 实训报告

实训报告

班级		实训者		时间	
实训项目	加速踏板位置传感器/转动类传感器				
实训目的	熟悉加速踏板位置传感器/转动类传感器实物、安装位置，了解传感器类				
准备工具	现场记录笔记本、笔				
注意事项	器件拔插时必须关闭点火开关，注意插接器拆装方法				
实训过程	1. 加速踏板位置传感器 （1）安装位置（记录如下） （2）观察并记录加速踏板位置传感器插接器（画出插接器） （3）分析判断加速踏板位置传感器类型、内部功能及端子含义，若是电位计式或混合型传感器，可测量各端子间的电阻值及关系，并绘制分析内部原理图 1）三端子加速踏板位置传感器				

实训过程	2）四端子加速踏板位置传感器
	3）五端子加速踏板位置传感器
	4）六端子加速踏板位置传感器
	2. 转动类传感器 （1）车辆上需要检测转动信号的地方都有哪些？所用传感器各叫什么传感器？ （2）检测转动类信号常采用哪些类型的传感器？ （3）安装位置（记录如下） （4）观察并记录转动类传感器插接器（画出插接器）

实训过程	（5）分析判断类型,端子功能,若是磁电式传感器,可测量其线圈的电阻值及相关性能 1）两端子转动类传感器(磁电式) 2）三端子转动类传感器(有屏蔽的磁电式,霍尔式) 3）若是磁电式传感器,可检测其性能 ①万用表电阻档模拟试验磁电式传感器 a. 选择万用表电阻档合适量程(2kΩ) b. 把两表笔连接传感器两个端子,观察到传感器线圈电阻值并记录 c. 用金属件(扳手、螺钉旋具)在传感器头处频繁改变距离,即可观察到线圈电阻值在发生变化,这是传感器通过磁生电原理产生的交流电压在干扰万用表电阻档电路,导致显示值在变化,初步可判断传感器正常 ②万用表交流电压档模拟试验磁电式传感器 a. 选择万用表交流电压档合适量程(2V) b. 把两表笔连接传感器两个端子 c. 用金属件(扳手、螺钉旋具)在传感器头处频繁改变距离,即可观察到有交流电压产生,动作频率越快,交流电压值越大,也可初步判断传感器正常
实训结论	
疑问	
指导教师	实训评价

实训项目5

实训内容：信号开关类/电子控制器

实训器材：整车实训车辆、柴油机试验台架、各种类型信号开关、电子控制器以及三角挡块。

实训指导：

1. 参考学时及实训建议

本实训项目计划2课时；采用分组轮流实训的方法，每组学生需配备一名实践指导教师，负责对学生组织、管理、示范、指导、讲解以及安全操作。

2. 操作步骤

（1）若是整车实训车辆，需具有驾驶资质的实践指导老师把车辆停放在安全、方便操作的场地。

（2）若是试验台架，则由实践指导老师检查排除安全隐患，确保发动机工作正常。

（3）关闭点火开关或断开蓄电池电源。

（4）观察各种信号开关、电子控制器安装位置。

（5）相关信息可记录或拍照留存。

3. 实训报告

实训报告

班级		实训者		时间	
实训项目	信号开关类/电子控制器				
实训目的	熟悉各种类型信号开关、电子控制器实物、安装位置、连接方式				
准备工具	现场记录笔记本、笔				
注意事项	器件拔插时须关闭点火开关，注意插接器拆装方法				
实训过程	1. 信号开关 1）常开型、常闭型开关（记录名称、安装位置、工作性质） 2）混合型开关（记录名称、安装位置、工作性质） 2. 档位开关（记录名称、安装位置、工作性质） 1）实测各档位、各端子间关系并记录 2）根据实测记录结果绘制开关内部电路原理图				

	3)简述开关工作原理 3.选择开关(记录名称、安装位置、工作性质) 1)实测各档位、各端子间关系并记录 2)根据实测记录结果绘制开关内部电路原理图 3)简述开关工作原理 4.电子控制器 1)记录发动机电脑板安装位置,描述线束插接器拆装方法 2)绘出所观察到的发动机计算机线束插接器,注意引脚编号、标注空脚,统计有效引脚 		

实训过程		
实训结论		
疑问		
指导教师		实训评价	

实训项目 6

实训内容：燃油系统。

实训器材：整车实训车辆、柴油机试验台架、燃油系统低压部分相关零部件以及三角挡块。

实训指导：

1. 参考学时及实训建议

本实训项目计划 2 课时；采用分组轮流实训的方法，每组学生需配备一名实践指导教师，负责对学生组织、管理、示范、指导、讲解以及安全操作。

2. 操作步骤

（1）若是整车实训车辆需具有驾驶资质的实践指导老师把车辆停放在安全、方便操作的场地。

（2）若是试验台架则由实践指导老师检查排除安全隐患，确保发动机工作正常。

（3）关闭点火开关或断开蓄电池电源。

（4）观察燃油系统相关零部件、安装位置、连接关系。

（5）相关信息可记录或拍照留存。

3. 实训报告

实训报告

班级		实训者		时间	
实训项目	燃油系统				
实训目的	熟悉燃油系统相关零部件实物、安装位置、连接方式				
准备工具	现场记录笔记本、笔				
注意事项	若需拆卸必须在实践教师指导下进行操作,注意燃油泄漏、喷溅,注意防火安全				
实训过程	(1)分别说出燃油系统低压、高压部分都由哪些零部件组成 (2)查看并记录所观察的车辆(试验台架)燃油系统低压部分 1)记录相关零部件(特征、连接方式)				

	2）绘制燃油系统低压部分相关零部件连接示意图
	3）简述燃油系统低压部分相关零部件主要作用
实训过程	（3）查看并记录所观察的车辆（试验台架）燃油系统高压部分 1）记录相关零部件（特征、连接方式）
	2）绘制燃油系统高压部分相关零部件连接示意图
	3）简述燃油系统高压部分相关零部件主要作用
实训结论	
疑问	
指导教师		实训评价	

项目四　柴油机电控系统电路分析与检测（8课时）

实训项目 7

实训内容：ECU 电源电路。

实训器材：整车实训车辆、柴油机试验台架以及三角挡块。

实训指导：

1. 参考学时及实训建议

本实训项目计划 2 课时；采用分组轮流实训的方法，每组学生需配备一名实践指导教师，负责对学生组织、管理、示范、指导、讲解以及安全操作。

2. 操作步骤

（1）若是整车实训车辆需具有驾驶资质的实践指导老师把车辆停放在安全、方便操作的场地。

（2）若是试验台架则由实践指导老师检查排除安全隐患，确保发动机工作正常。

（3）电路部分所有器件的拆装必须在断电情况下进行。

（4）电路部分的检测原则上要准备与实训车辆或试验台架相符的电路图及相关资料。

（5）相关信息可记录或拍照留存。

3. 实训报告

实训报告

班级		实训者		时间	
实训项目	ECU 电源电路				
实训目的	熟悉发动机电控系统 ECU 电源电路构成要素、各要素功能以及电路控制方式				
准备工具	现场记录笔记本、笔				
注意事项	电器件的拆装一定要在断电情况进行,注意避免短路现象发生				
实训过程	(1)发动机电控系统 ECU 电源电路的主要构成要素有哪些? 各要素功能是什么? (2)从实训车辆(试验台架)找到发动机电脑,拔下线束插接器并画出插接器示意图,标注针脚编号 (3)查看所观察的车辆(试验台架)发动机电控系统 ECU 电源电路的结构 　1)确认关闭点火开关,用万用表直流电压档或灯泡测试灯,在电脑线束插接器对应针脚实测常电源,查明熔断器位置、编号及功率并记录				

实训过程	2）确认关闭点火开关，用万用表直流电压档或灯泡测试灯，在电脑线束插接器对应针脚实测 ECU 搭铁并记录 3）接通点火开关，用万用表直流电压档或灯泡测试灯，在电脑线束插接器对应针脚实测 ECU 点火信号，查明熔断器位置、编号及功率并记录 （4）根据实测结果分析是哪种（有、无主继电器）ECU 电源电路，并绘制 ECU 电源原理图 （5）观察 ON 时发动机电脑工作情况 1）确认关闭点火开关，恢复发动机电脑与线束的连接 2）接通点火开关观察仪表板上的发动机故障指示灯是否点亮，或点亮 3~5s 后熄灭（正常） 3）关闭点火开关，拔下有工作电源的任一传感器线束插头，同时拔下温度类传感器的任一个传感器线束插头。 4）接通点火开关，准备好万用表，选择直流电压档 ①在有工作电源的传感器线束插头，可测到 ECU 提供的 5V 工作电源 ②在温度类传感器线束插头，可测到 ECU 提供的 5V 参考电源 若①②检测正常，加之故障指示灯点亮，初步说明 ECU 电源电路工作正常，基本具备了起动条件
实训结论	
疑问	

指导教师		实训评价	

14

实训项目 8

实训内容：温度类、进气类传感器

实训器材：整车实训车辆、柴油机试验台架、各种温度类、进气类传感器，温度计、手持式真空泵以及三角挡块。

实训指导：

1. 参考学时及实训建议

本实训项目计划 1 课时；采用分组轮流实训的方法，每组学生需配备一名实践指导教师，负责对学生组织、管理、示范、指导、讲解以及安全操作。

2. 操作步骤

（1）若是整车实训车辆需具有驾驶资质的实践指导老师把车辆停放在安全、方便操作的场地。

（2）若是试验台架则由实践指导老师检查排除安全隐患，确保发动机工作正常。

（3）电路部分所有器件的拆装必须在断电情况进行。

（4）电路部分的检测原则上要准备与实训车辆或试验台架相符的电路图及相关资料。

（5）相关信息可记录或拍照留存。

3. 实训报告

实训报告

班级		实训者		时间	
实训项目	温度类、进气类传感器				
实训目的	熟悉温度类、进气类传感器特性、工作原理、检测方法				
准备工具	现场记录笔记本、笔				
注意事项	电器件的拆装一定要在断电情况下进行,注意避免短路现象发生				
实训过程	1. 发动机电控系统都有哪些温度传感器？ 2. 发动机电控系统都有哪些进气量检测传感器？ 3. 温度类传感器 (1)查看所观察的车辆(试验台架)发动机电控系统温度类传感器安装位置并记录 				

实训过程	（2）实测温度类传感器（以冷却液温度传感器为例） 1）确认关闭点火开关，拔下温度传感器线束插头 2）采用万用表，选择直流电压档，接通点火开关，在传感器线束插头测量5V参考电源并记录 3）确认关闭点火开关，恢复温度传感器与线束的连接 4）接通点火开关，选择万用表直流电压档，采用背插方式，将红表笔插入传感器线束信号导线插孔，黑表笔搭铁，记录发动机工作后逐渐升温时，温度与信号电压的关系

温度与信号电压关系（例）

温度/℃	信号电压/V	温度/℃	信号电压/V
20		60	
30		70	
40		80	
50		90	

5）也可将传感器外置，接通点火开关（不起动），通过对传感器加温的方法，利用温度计观察温度，记录各种温度下的信号电压，并与上表对比

6）通过对温度类传感器的实测、试验，谈谈你的收获

4. 进气量检测传感器

（1）查看所观察的车辆（试验台架）发动机电控系统进气量传感器是哪种类型的及其安装位置，并记录

（2）实测进气量传感器

1）确认关闭点火开关，拔下进气量传感器线束插头

2）采用万用表，选择直流电压档，接通点火开关，在传感器线束插头测量。若三端子进气压力传感器，可测到其中两个端子为5V工作电源，若四个端子则是进气压力、温度传感器，还可测到进气温度传感器的5V参考电源；若三端子或四端子空气流量传感器，测量结果同进气压力传感器，五端子或以上的空气流量传感器，则按图中说明测到工作电源（12V、5V）

3）确认关闭点火开关，恢复传感器与线束的连接

4）接通点火开关，选择万用表直流电压档，采用背插方式，将红表笔插入传感器线束信号导线插孔，黑表笔搭铁，记录发动机工作不同转速时的信号电压

不同转速与信号电压关系

传感器	工况					
	ON	怠速	1000r/min	1500r/min	2000r/min	2500r/min
进气压力	√	√	√	√	√	√
空气流量	√	√	√	√	√	√

	5）也可在工作台上,准备直流可调稳压电源对进气量传感器进行模拟试验
	①进气压力传感器(三端子)
	a. 按照传感器对应端子、工作电源电压等级,将传感器电源连接
	b. 采用手持式真空泵,把真空管路连接传感器吸气口
	c. 把万用表直流电压档的红表笔与传感器信号端子连接,黑表笔搭铁
	d. 真空泵不操作时传感器的信号电压(即 ON 时),表示当地海拔大气压力的信号电压,逐渐操作手持真空泵,观察并记录不同真空压力下的信号电压

不同真空度与信号电压关系

传感器	工况				
	ON	MPa	MPa	MPa	MPa
进气压力	V	V	V	V	V

实训过程	②空气流量传感器(三端子)
	a. 按照传感器对应端子、工作电源电压等级,将传感器电源连接
	b. 准备吹风机,将吹风口对准空气流量传感器的进气口侧(注意方向)
	c. 把万用表直流电压档的红表笔与传感器信号端子连接,黑表笔搭铁
	d. 不给传感器吹风时传感器的信号电压(即 ON 时的信号电压),调整吹风机吹风口与传感器进气口侧的距离进行吹风,观察并记录不同风速时的信号电压
	6）通过对进气量传感器的实测、试验,谈谈你的收获

实训结论	
疑问	

指导教师		实训评价	

实训项目 9

实训内容：加速踏板位置传感器、信号开关类。

实训器材：整车实训车辆、柴油机试验台架、各种加速踏板位置传感器、信号开关以及三角挡块。

实训指导：

1. 参考学时及实训建议

本实训项目计划 2 课时；采用分组轮流实训的方法，每组学生需配备一名实践指导教师，负责对学生组织、管理、示范、指导、讲解以及安全操作。

2. 操作步骤

（1）若是整车实训车辆需具有驾驶资质的实践指导老师把车辆停放在安全、方便操作的场地。

（2）若是试验台架则由实践指导老师检查排除安全隐患，确保发动机工作正常。

（3）电路部分所有器件的拆装必须在断电情况下进行。

（4）电路部分的检测原则上要准备与实训车辆或试验台架相符的电路图及相关资料。

（5）相关信息可记录或拍照留存。

3. 实训报告

实训报告

班级		实训者		时间	
实训项目	加速踏板位置传感器、信号开关类				
实训目的	熟悉加速踏板位置传感器、信号开关的类型、工作原理、检测方法				
准备工具	现场记录笔记本、笔				
注意事项	电器件的拆装一定要在断电情况下进行，注意避免短路现象发生				
实训过程	1. 发动机电控系统加速踏板位置传感器常见有哪些类型？ 2. 发动机电控系统常见有哪些信号开关？ 3. 加速踏板位置传感器 （1）查看所观察的车辆(试验台架)发动机电控系统加速踏板位置传感器安装位置并记录 （2）实测加速踏板位置传感器 1）确认关闭点火开关，拔下加速踏板位置传感器线束插头 2）采用万用表，选择直流电压档，接通点火开关，在传感器线束插头测量。三端子、四端子加速踏板位置传感器，可测到其中两个端子为5V工作电源；若五个端子可测到其中两个端子为传感器的5V工作电源，另外两个是怠速开关，可能其中一个端子有电源(可正、可负)；若为六端子，大多数内置两个传感器(可能是电位计式，也可能是霍尔式)，都可测到两组5V工作电源，记录实测情况				

	3）确认关闭点火开关，恢复传感器与线束的连接 4）接通点火开关，选择万用表直流电压档，采用背插方式，将红表笔插入传感器线束信号导线插孔，黑表笔搭铁，记录发动机工作不同转速时的信号电压 **不同转速与信号电压关系（例）**

传感器	工况					
	ON	怠速	1000r/min	1500r/min	2000r/min	2500r/min
加速踏板	V	V	V	V	V	V

若为混合型传感器，可记录踏板踩与不踩时怠速信号

（3）也可在工作台上，准备直流可调稳压电源对加速踏板位置传感器进行模拟试验，以六端子（电位计式或霍尔式）为例，检测方法相同

1）按照传感器对应端子、工作电源电压等级，将传感器电源连接

2）通过手动操作进行试验

3）把两块万用表直流电压档的红表笔分别与传感器信号端子连接，黑表笔搭铁

4）传感器处于静止状态（即ON时），观察到的信号电压作为怠速信号，逐渐从小到大改变传感器踏板行程，记录信号电压变化规律

加速踏板位置传感器信号电压变化规律

传感器	工况				
	ON	行程20%	行程20%	行程20%	行程20%
传感器1	V	V	V	V	V
传感器2	V	V	V	V	V

（4）通过对加速踏板位置传感器的实测、试验回答如下问题：

1）加速踏板位置传感器工作的条件是什么？

2）加速踏板位置传感器产生哪种信号？

3）若为六端子加速踏板位置传感器，传感器1和传感器2信号电压是什么关系？

左栏：**实训过程**

	4. 信号开关 （1）查看所观察的车辆（试验台架）发动机电控系统各信号开关安装位置并记录 （2）实测信号开关 1）确认关闭点火开关，拔下各种信号开关线束插头。 2）采用万用表，选择直流电压档，接通点火开关，在信号开关线束插头测量信号开关电源 ①若为两端子机械式信号开关，两端子中有一个为电源（可能正极、可能负极），可能是 ECU 提供，也可能是点火开关提供 ②若为两端子电子式信号开关（省油开关），两端子中有一个为电源端子，大多由 ECU 提供
实训过程	③若为多端子电子式信号开关（巡航开关），可能有一个或多个为电源，大多由 ECU 提供，不排除其他方式供电（可能正极、可能负极） 3）确认关闭点火开关，恢复信号开关与线束的连接 4）接通点火开关，选择万用表直流电压档适当量程，采用背插方式，实测信号开关信号电压 ①若为两端子机械式信号开关，常开型的信号开关，在开关动作时可测到信号电压（可能正极，可能负极） ②若为多端子电子式信号开关（巡航开关），可在开关不同档位时测到不同的信号电压（可能正极，可能负极） ③若为两端子电子式信号开关，如省油开关，可在开关选择不同档位时测到不同的信号电压

省油开关信号电压

传感器信号端	工况		
	轻载	中载	重载
	V	V	V

实训过程	（3）也可在工作台上，准备各种信号开关、可调稳压直流电源、万用表等进行模拟试验。 1）按照信号开关对应端子连接工作电源。 2）选择万用表直流电压档合适量程（20V）。 3）模拟各种开关动作状态，观察是否符合开关动作时产生信号电压。 （4）通过对各种信号开关的实测、试验回答如下问题： 1）按工作性质常见有哪些类型的信号开关？ 2）常见信号开关的电源极性都有哪些？电压等级都有哪些？	
实训结论		
疑问		
指导教师	实训评价	

实训项目 10

实训内容：转动类检测传感器。

实训器材：整车实训车辆、柴油机试验台架、各种转动类传感器以及三角挡块。

实训指导：

1. 参考学时及实训建议

本实训项目计划 2 课时；采用分组轮流实训的方法，每组学生需配备一名实践指导教师，负责对学生组织、管理、示范、指导、讲解以及安全操作。

2. 操作步骤

（1）若是整车实训车辆需具有驾驶资质的实践指导老师把车辆停放在安全、方便操作的场地。

（2）若是试验台架则由实践指导老师检查排除安全隐患，确保发动机工作正常。

（3）电路部分所有器件的拆装必须在断电情况下进行。

（4）电路部分的检测原则上要准备与实训车辆或试验台架相符的电路图及相关资料。

（5）相关信息可记录或拍照留存。

3. 实训报告

实训报告

班级		实训者		时间	

实训项目	转动类检测传感器
实训目的	熟悉转动类传感器的类型、工作原理、检测方法
准备工具	现场记录笔记本、笔
注意事项	电器件的拆装一定要在断电情况下进行,注意避免短路现象发生

实训过程	1. 发动机电控系统哪些地方需要检测转动信号?常见检测转动信号有哪些类型的传感器? 2. 磁电式传感器 (1)磁电式传感器常见有几个端子的?各端子作用? (2)查看所观察的车辆(试验台架)发动机电控系统磁电式传感器安装位置并记录 (3)实测磁电式传感器 1)确认关闭点火开关,拔下磁电式传感器线束插头 2)采用万用表,选择直流电压档,接通点火开关,在传感器线束插头测量 ①若两端子传感器,两个端子分别对地有 2.5V 左右(没有标准)电压,不能算作是工作电源 ②若为三端子传感器,除了两个端子分别对地有很小电压外,另外一个端子为屏蔽搭铁,所以应与车身搭铁相连 3)确认关闭点火开关,恢复传感器与线束的连接 4)接通点火开关,选择万用表交流电压档适当量程(因转速升高信号电压也在增加),采用背插方式,将红、黑表笔插入传感器线束信号导线插孔,记录发动机工作不同转速时的信号电压

不同转速与信号电压关系(例)

传感器	工况					
	ON	怠速	1000r/min	1500r/min	2000r/min	2500r/min
磁电式	V	V	V	V	V	V

	（4）也可在工作台上，准备磁电式传感器、万用表等进行模拟试验
	1）万用表电阻档模拟试验磁电式传感器
	①选择万用表电阻档合适量程（2k）
	②把两表笔连接传感器两个端子，观察到传感器线圈电阻值并记录
	③用金属件（扳手、螺钉旋具）在传感器头处频繁改变距离，即可观察到线圈电阻值在发生变化，这是传感器通过磁生电原理产生的交流电压在干扰电阻档电路，导致显示值在变化，初步可判断传感器正常
	2）万用表交流电压档模拟试验磁电式传感器
	①选择万用表交流电压档合适量程（2V）
	②把两表笔连接传感器两个端子
	③用金属件（扳手、螺钉旋具）在传感器头处频繁改变距离，即可观察到有交流电压产生，动作频率越快，交流电压值越大，也可初步判断传感器正常
	（5）通过对磁电式传感器的实测、试验回答如下问题：
	1）一般发动机采用的磁电式传感器线圈电阻值是多少？
实训过程	2）磁电式传感器产生哪种信号？
	3）两端子磁电式传感器如何屏蔽？三端子磁电式传感器的屏蔽线（针脚）连接在什么地方？
	3. 霍尔式传感器
	（1）查看所观察的车辆（试验台架）发动机电控系统霍尔式传感器安装位置并记录
	（2）实测霍尔式传感器
	1）确认关闭点火开关，拔下霍尔式传感器线束插头
	2）采用万用表，选择直流电压档，接通点火开关，在传感器线束插头测量，可能有两种工作电源出现
	①由发动机电脑提供的 5V 工作电源（其中两个端子）

实训过程	②由点火开关或主继电器提供的12V工作电源,或者由ECU提供 3)确认关闭点火开关,恢复传感器与线束的连接 4)接通点火开关,选择万用表直流电压档适当量程,采用背插方式,可能有两种输出: ①若传感器信号输出为正极性,将红表笔插入传感器线束信号导线插孔,黑表笔搭铁,观察发动机工作不同转速时的信号电压变化 ②若传感器信号输出为负极性,将黑表笔插入传感器线束信号导线插孔,红表笔连接任意正极,观察发动机工作不同转速时的信号电压变化 <div align="center">**不同转速与信号电压关系**(例)</div>

传感器	工况					
	ON	怠速	1000r/min	1500r/min	2000r/min	2500r/min
霍尔式	V- V	V- V	V- V	V- V	V- V	V- V

(3)也可在工作台上,准备霍尔式传感器、可调稳压直流电源、万用表等进行模拟试验

1)万用表直流电压档模拟试验霍尔式传感器

①按照传感器对应端子连接工作电源

②选择万用表直流电压档合适量程(20V)

③若是传感器输出正极性,把红表笔连接传感器信号端子,黑表笔搭铁

④若是传感器输出负极性,把黑表笔连接传感器信号端子,红表笔连接任意正极

⑤用金属件(扳手、螺钉旋具)在传感器头处频繁改变距离,即可观察到信号电压发生变化,这是传感器通过霍尔效应原理产生的信号电压,动作频率越快,信号电压变化越快

2)用LED测试灯模拟试验霍尔式传感器

①按照传感器对应端子连接工作电源

②选择LED测试灯

根据传感器输出极性的不同,参照电压档的连接方法连接LED测试灯,可观察到LED测试灯闪烁频率的变化,可初步判断传感器正常

(4)通过对霍尔式传感器的实测、试验回答如下问题:

1)霍尔式传感器工作必备条件是什么? 常见有哪些电源电压等级?

实训过程	2)霍尔式传感器产生哪种信号？				
实训结论					
疑问					
指导教师			实训评价		

实训项目 11

实训内容：喷油器电磁阀/燃油计量电磁阀。

实训器材：整车实训车辆、柴油机试验台架、各种车型喷油器电磁阀、燃油计量电磁阀以及三角挡块。

实训指导：

1. 参考学时及实训建议

本实训项目计划 1 课时；采用分组轮流实训的方法，每组学生需配备一名实践指导教师，负责对学生组织、管理、示范、指导、讲解以及安全操作。

2. 操作步骤

（1）若是整车实训车辆需具有驾驶资质的实践指导老师把车辆停放在安全、方便操作的场地。

（2）若是试验台架则由实践指导老师检查排除安全隐患，确保发动机工作正常。

（3）电路部分所有器件的拆装必须在断电情况下进行。

（4）电路部分的检测原则上要准备与实训车辆或试验台架相符的电路图及相关资料。

（5）相关信息可记录或拍照留存。

3. 实训报告

实训报告

班级		实训者		时间	
实训项目	喷油器电磁阀/燃油计量电磁阀				
实训目的	熟悉喷油器、计量电磁阀的安装位置、管路连接、工作原理及检测方法				
准备工具	现场记录笔记本、笔				
注意事项	电器件的拆装一定要在断电情况下进行,注意避免短路现象发生				
实训过程	1. 喷油器电磁阀 (1)查看所观察的车辆(试验台架)发动机电控系统喷油器安装位置并记录				

实训过程	（2）实测喷油器电磁阀 1）确认关闭点火开关，拔下喷油器电磁阀线束插头，按顺序画出 4 缸或 6 缸喷油器电磁阀线束插接器（插头） 2）采用万用表，选择电阻档适当量程（2Ω、20Ω、200Ω），分别测量各喷油器电磁阀线圈电阻值，并记录在喷油器各插接器上 3）接通点火开关，用万用表直流电压档适当量程，黑表笔搭铁，红表笔分别对喷油器电磁阀的两个端子测量，一般为 2.5~3.8V 电压，记录在画下的喷油器电磁阀线束插接器上 4）确认关闭点火开关，恢复喷油器电磁阀与线束的连接 5）选择万用表直流电压档，采用背插方式，黑表笔搭铁，红表笔分别背插在喷油器电磁阀高端导线孔内，起动发动机或发动机工作过程，均可观察到工作电源的变化情况

喷油器电磁阀工作电源变化情况

喷油器电磁阀	工况						
	ON	起动	怠速	1000/（r/min）	1500/（r/min）	2000/（r/min）	2500/（r/min）
1 缸高端	V	V		V	V	V	
2 缸高端	V	V	V	V	V	V	V
3 缸高端	V	V	V	V	V	V	V
4 缸高端	V	V	V	V	V	V	V
5 缸高端	V	V	V	V	V	V	V
6 缸高端	V	V	V	V	V	V	V

6）选择 LED 测试灯，采用背插方式，测试灯的正极连接任意正极，测试灯的负极分别背插在喷油器电磁阀低端导线孔内，起动发动机或在发动机工作过程中，均可观察到 LED 测试灯闪烁，并且随转速升高，LED 测试灯的闪烁频率也在变快，这样可初步判断喷油器电磁阀及控制信号基本正常

（3）通过对喷油器电磁阀的实测、实验回答如下问题：

1）喷油器电磁阀线圈电阻值是多少 Ω？

实训过程	2）喷油器电磁阀高端电压在 ON、起动和不同工况下有什么变化？ 3）喷油器电磁阀低端是什么控制信号？ 2. 燃油计量阀 （1）查看所观察的车辆（试验台架）发动机电控系统计量单元电磁阀安装位置并记录 （2）实测计量单元电磁阀 1）确认关闭点火开关，拔下计量单元电磁阀线束插头，画出计量单元电磁阀线束插接器（插头） 2）采用万用表，选择电阻档适当量程（20Ω、200Ω），测量计量单元电磁阀线圈电阻值并记录 3）接通点火开关，用万用表直流电压档适当量程，黑表笔搭铁，红表笔连接计量单元电磁阀高端插孔，正常时应有与车辆蓄电池电压相符的正极电压（可能由 ECU 提供，也可能由主继电器提供），若红表笔连接计量单元电磁阀低端插孔，一般会显示 2.5~3.8V 的直流电压 4）确认关闭点火开关，恢复计量单元电磁阀与线束的连接 5）选择 LED 测试灯，采用背插方式，测试灯的正极连接任意正极，测试灯的负极背插在计量单元电磁阀低端导线孔内，起动发动机或在发动机工作过程中，均可观察到 LED 测试灯闪烁，并且随转速升高，LED 测试灯的闪烁频率也在变快，这样可初步判断计量单元电磁阀及控制信号基本正常

实训过程	（3）通过对计量单元电磁阀的实测、试验回答如下问题： 1）计量单元电磁阀线圈电阻值是多少 Ω？ 2）计量单元电磁阀高端电压可能由哪些地方提供？ 3）计量单元电磁阀低端是什么控制信号？
实训结论	
疑问	

指导教师		实训评价	

项目五　柴油发动机电控系统故障诊断基础知识（8课时）

实训项目 12

实训内容：诊断接口。

实训器材：整车实训车辆、柴油机试验台架、诊断接口、数据线以及三角挡块。

实训指导：

1. 参考学时及实训建议

本实训项目计划 1 课时；采用分组轮流实训的方法，每组学生需配备一名实践指导教师，负责对学生组织、管理、示范、指导、讲解以及安全操作。

2. 操作步骤

（1）若是整车实训车辆需具有驾驶资质的实践指导老师把车辆停放在安全、方便操作的场地。

（2）若是试验台架则由实践指导老师检查排除安全隐患，确保发动机工作正常。

（3）电路部分所有器件的拆装必须在断电情况下进行。

（4）电路部分的检测原则上要准备与实训车辆或试验台架相符的电路图及相关资料。

（5）相关信息可记录或拍照留存。

3. 实训报告

实训报告

班级		实训者		时间	
实训项目	诊断接口				
实训目的	熟悉诊断接口的安装位置、针脚定义				
准备工具	现场记录笔记本、笔				
注意事项	电器件的拆装一定要在断电情况下进行,注意避免短路现象发生				
实训过程	(1)车辆诊断接口一般会安装在哪些地方? (2)查看所观察的车辆(试验台架)诊断接口的安装位置,记录并画下诊断插座插接器,标注针脚编号、空脚 (3)实测诊断接口 1)常电源的检测 　常电源规定为诊断插座的 16 号针脚(一般不受点火开关控制),选择万用表直流电压档(灯泡测试灯),红表笔连接 16 号针脚,黑表笔搭铁,应有与蓄电池相符的正极电源 2)搭铁的检测 　搭铁规定为诊断插座的 4 号和 5 号针脚(有些车可能只有一个),选择万用表直流电压档(灯泡测试灯),红表笔连接 16 号针脚,黑表笔分别连接 4 号或 5 号针脚,应有与蓄电池相符的正极电源				

实训过程	3)CAN 总线的检测 接通点火开关,用万用表直流电压档适当量程,黑表笔搭铁,红表笔分别连接诊断插座的 6 号(CAN-H)、14 号(CAN-L)针脚,应显示 CAN-H 对地电压 2.6~2.8V,CAN-L 对地电压 2.2~2.4V,两者相加基本等于 5V 4)K 线的检测 接通点火开关,用万用表直流电压档适当量程,黑表笔搭铁,红表笔连接诊断插座的 7 号针脚,一般情况应显示约等于蓄电池电压 (4)通过对诊断接口的实测回答如下问题: 1)诊断接口电源端子是几号针脚? 2)诊断接口 CAN 总线如何检测?有何特点? 3)诊断接口 K 线如何检测?有何特点?
实训结论	
疑问	
指导教师	实训评价

实训项目 13

实训内容：数字万用表电压档/电阻档的使用。

实训器材：整车实训车辆、柴油机试验台架、数字万用表以及三角挡块。

实训指导：

1. 参考学时及实训建议

本实训项目计划 2 课时；采用分组轮流实训的方法，每组学生需配备一名实践指导教师，负责对学生组织、管理、示范、指导、讲解以及安全操作。

2. 操作步骤

（1）可在实训室或教室进行。

（2）特别强调万用表使用注意事项（选择正确的档位，合适的量程）。

（3）注意各档位使用时表笔线插孔的正确选择。

3. 实训报告

实训报告

班级		实训者		时间	
实训项目	数字万用表电压档/电阻档的使用				
实训目的	掌握万用表电压档/电阻档的正确使用方法				
准备工具	现场记录笔记本、笔				
注意事项	选择正确的档位，合适的量程以及各档位对应的表笔线插孔				
实训过程	1. 数字万用表直流电压档 (1)数字万用表直流电压档一般有哪些量程？ (2)直流电压档使用时两根表笔应插入什么表笔插孔？ (3)直流电压档测量练习 1)若测量 1.5V 干电池应优先选择(　　)量程 A. 2V　　　　B. 20V　　　　C. 200V　　　　D. 1000V 2)测量 1.5V 干电池，选择不同的量程，观察并记录电压值，可发现有何区别？				

	3)若测量 12V 蓄电池应优先选择( )量程 A. 2V　　　B. 20V　　　C. 200V　　　D. 1000V (4)测量 12V 蓄电池,选择不同的量程,观察并记录电压值,可发现有何区别? 2. 数字万用表交流电压档 (1)数字万用表交流电压档一般有哪些量程? (2)交流电压档使用时两根表笔应插入什么表笔插孔? (3)交流电压档测量练习 1)测量 220 交流电压应优先选择( )量程 A. 2V　　　B. 20V　　　C. 200V　　　D. 700V 2)220V 交流电压测量时应特别注意些什么?
实训过程	3. 数字万用表电阻档 (1)数字万用表电阻档一般有哪些量程? (2)电阻档使用时两根表笔应插入什么表笔插孔? 4. 电阻档测量练习 (1)若测量喷油器电磁阀线圈电阻值应优先选择( )量程 A. 2Ω　　　B. 20Ω　　　C. 200Ω　　　D. 2kΩ (2)测量喷油器电磁阀线圈阻值,选择不同的量程,观察并记录电阻值,可发现有何区别?

实训过程	（3）若测量燃油计量单元电磁阀应优先选择（　　）量程 A．2Ω　　　B．20Ω　　　C．200Ω　　　D．2kΩ （4）测量燃油计量单元电磁阀，选择不同的量程，观察并记录电阻值，可发现有何区别？ （5）若测量发动机冷却液温度传感器应优先选择（　　）量程 A．20Ω　　　　B．200Ω　　　　C．2kΩ　　　　D．20kΩ （6）通过万用表电阻档的实测、试验，回答如下问题： 1）选择2Ω、20Ω量程测量器件阻值时应特别注意些什么？ 2）量程不同对器件电阻值测量有什么影响？ 3）对被测器件电阻值不明确时应遵循什么原则？
实训结论	
疑问	
指导教师	实训评价

实训项目 14

实训内容：数字万用表二极管档的使用。

实训器材：整车实训车辆、柴油机试验台架、诊断接口、数字万用表以及三角挡块。

实训指导：

1. 参考学时及实训建议

本实训项目计划 1 课时；采用分组轮流实训的方法，每组学生需配备一名实践指导教师，负责对学生组织、管理、示范、指导、讲解以及安全操作。

2. 操作步骤

（1）可在实训室或教室进行

（2）特别强调万用表使用注意事项（选择正确的档位，合适的量程）

（3）注意各档位使用时表笔线插孔的正确选择

3. 实训报告

实训报告

班级		实训者		时间	
实训项目	数字万用表二极管档的使用				
实训目的	掌握万用表二极管档的正确使用方法				
准备工具	现场记录笔记本、笔				
注意事项	选择正确的档位，合适的量程以及各档位对应的表笔线插孔				
实训过程	(1)数字万用表二极管档的主要用途是什么？ (2)二极管档使用时两根表笔应插入什么表笔插孔？ (3)P/N 结测量练习 1)整流二极管测量正向导通时，红、黑表笔应如何连接？ 2)整流二极管测量反向截止时，红、黑表笔应如何连接？				

34

实训过程	3)实测整流二极管正、反向,观察并记录万用表显示屏数值,数值代表什么?
	4)若测量一个未使用的发光二极管,红、黑表笔应如何连接?
	5)实测发光二极管,观察正、反向连接时的情况并记录,若发光二极管点亮说明什么?若显示屏有数值表示什么?
	6)若检查一个 PNP 晶体管,红、黑表笔如何连接?
	7)若检查一个 NPN 晶体管,红、黑表笔如何连接?
	8)晶体管测量时,显示屏数值表示什么?有何特点?
	(4)蜂鸣档的使用 1)蜂鸣档的主要用途是什么?

实训过程	2）蜂鸣档使用前为何要进行校表？如何校表？ 3）测量一根完整的导线，导线 A 端到导线 B 端连接两表笔，观察万用表显示屏数值并记录 4）测量如下图所示线束中的红色导线，两表笔连接红色导线的 A 端和 B 端并确认两端接触良好，在蜂鸣器鸣响的同时，显示屏数值为 35，35 代表什么？请你判断该导线是否可正常使用？ 发动机某段线束 绿 —— 绿 棕 —— 棕 白 —— 白 黑 A —— B 黑 红 A —— B 红 5）测量某开关，红、黑表笔分别连接开关的 A 和 B，在蜂鸣器鸣响的同时，显示屏数值为 28，28 代表什么？该开关可否正常使用？ 某开关 A ——□—— B （5）通过万用表二极管档（P/N 结、蜂鸣档）的实测、试验，谈谈你的收获。
实训结论	
疑问	
指导教师	实训评价

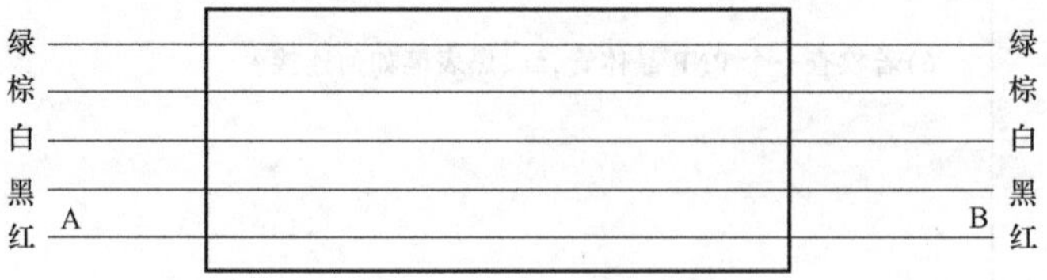

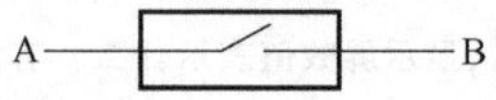

实训项目 15

实训内容：诊断仪的使用（操作、故障码读取、删除）。

实训器材：整车实训车辆、柴油机试验台架、诊断仪以及三角挡块。

实训指导：

1. 参考学时及实训建议

本实训项目计划 2 课时；采用分组轮流实训的方法，每组学生需配备一名实践指导教师，负责对学生组织、管理、示范、指导、讲解以及安全操作。

2. 操作步骤

（1）在实训室或具有自诊断系统的车辆或试验台架进行。

（2）特别注意诊断接口供电端子的正确性。

（3）诊断仪通过数据线与诊断插座要可靠连接。

3. 实训报告

实训报告

班级		实训者		时间	
实训项目	诊断仪的使用(操作、故障码读取、删除)				
实训目的	掌握诊断仪的正确使用方法				
准备工具	现场记录笔记本、笔				
注意事项	诊断仪与车辆正确连接,选择对应车型、相应系统及诊断功能				
实训过程	(1)诊断插座电源供电是几号端子？CAN-H 和 CAN-L 是几号端子？ (2)诊断仪最常用的功能有哪些？ (3)诊断仪故障码读取和删除练习 1)故障码的读取 ①诊断仪通过数据线与车辆诊断插座正确连接 ②确认被检测车辆或发动机正常工作且无故障 ③确认关闭点火开关,拔下一个或两个传感器线束插头 ④接通点火开关 ⑤操作诊断仪进入对应车型、发动机控制系统,选择读取故障码并记录				

实训过程	⑥分析读取到的故障码及含义与所拔掉的传感器是否相符？ ⑦确认关闭点火开关,断开发动机预热塞的连接 ⑧接通点火开关,操作诊断仪进入对应车型、发动机控制系统,选择读取故障码并记录 ⑨是否读取到相应的故障码？若没有读取到故障码,为什么？若环境温度为零下,起动时可能读取到什么故障码？ 2)故障码的删除,无论是历史故障码还是当前故障码,均要操作诊断仪进入对应车型、发动机控制系统,选择删除故障码即可 (4)通过诊断仪故障码的读取和删除试验,谈谈你的收获
实训结论	
疑问	
指导教师	实训评价

实训项目 16

实训内容：诊断仪的使用（数据流读取）。

实训器材：整车实训车辆、柴油机试验台架、诊断仪以及三角挡块。

实训指导：

1. 参考学时及实训建议

本实训项目计划 2 课时；采用分组轮流实训的方法，每组学生需配备一名实践指导教师，负责对学生组织、管理、示范、指导、讲解以及安全操作。

2. 操作步骤

（1）在实训室或具有自诊断系统的车辆或试验台架进行。

（2）特别注意诊断接口供电端子的正确性。

（3）诊断仪通过数据线与诊断插座要可靠连接。

3. 实训报告

实训报告

班级		实训者		时间	
实训项目	诊断仪的使用（数据流读取）				
实训目的	掌握诊断仪的正确使用方法				
准备工具	现场记录笔记本、笔				
注意事项	诊断仪与车辆正确连接，选择对应车型、相应系统及诊断功能				
实训过程	（1）诊断仪查看到的数据流指的是什么？ （2）在故障诊断过程中如何体现数据流的作用？ （3）诊断仪数据流查看练习 1）数据流查看 ①诊断仪通过数据线与车辆诊断插座正确连接 ②确认被检测车辆或发动机正常工作且无故障 ③接通点火开关，起动发动机怠速运转 ④操作诊断仪进入对应车型、发动机控制系统，选择数据流查看（部分数据流）并列表记录				

39

部分数据流（一）

项目	工况			
发动机转速	r/min	r/min	r/min	r/min
发电电压	√	√	√	√
加速踏板1	√	√	√	√
加速踏板2	√	√	√	√
进气压力	√	√	√	√
冷却液温度	√	√	√	√
空档开关	闭合/断开			
制动开关	踏下/未踏			

⑤把发动机转速依次升高到 1000r/min、1500r/min、2000r/min，将对应转速时的数据填入上表。

⑥操作相应开关，查看数据流变化情况填入上表。

2）有故障时数据流查看

同样选择上述部分数据流。

部分数据流（二）

项目	工况			
发动机转速	r/min	r/min	r/min	r/min
发电电压	√	√	√	√
加速踏板1	√	√	√	√
进气压力	√	√	√	√
冷却液温度	√	√	√	√
空档开关	闭合/断开			
制动开关	踏下/未踏			

发动机怠速时，可把所选传感器、信号开关线束插头拔下或导致松动接触不良，或者任意导线切断（磁电式传感器除外），利用这样的方法观察数据流的变化，并将数据填入表格

3）选择其他器件做同样的数据流查看练习

（4）通过诊断仪数据流查看的练习、试验，谈谈你的收获

实训过程			
实训结论			
疑问			
指导教师		实训评价	

项目六 电控柴油发电机故障案例（12课时）

实训项目 17

实训内容：故障诊断——柴油发动机无法起动。

实训器材：整车实训车辆、柴油机试验台架、万用表、测试灯以及三角挡块。

实训指导：

1. 参考学时及实训建议

本实训项目计划 2 课时；采用分组轮流实训的方法，每组学生需配备一名实践指导教师，负责对学生组织、管理、示范、指导、讲解以及安全操作。

2. 操作步骤

（1）在整车实训车辆或试验台架进行。

（2）由实践指导老师提前设置故障。

（3）所有故障诊断均以电控系统为主，采用常规检测工具。

3. 实训报告

实训报告

班级		实训者		时间	
实训项目	故障诊断:柴油发动机无法起动 故障现象:点火开关打开,故障指示灯不亮,起动时发动机无任何反映(以博世六缸共轨为例,参看图3-130)				
实训目的	熟悉发动机 ECU 电源电路,明确诊断思路,掌握诊断流程、方法				
准备工具	现场记录笔记本、笔				
注意事项	拔插器件时一定要断电,起动机工作时间每次不超过 15s				
实训过程	(1)根据故障现象描述,首先要验证故障现象与描述是否相符 (2)然后绘制该车发动机 ECU 电源电路,包括故障指示灯和起动机控制相关电路原理图 (3)根据故障现象,结合绘制的电路图,分析并列出可能导致故障的原因(尽可能按主次排序)				

实训过程	重点怀疑哪个故障原因,为什么?
	(4)制定诊断维修方案 故障原因中首先检查什么,其次检查什么,如何检测,采用什么手段,要描述清楚
	(5)故障排除 对最终确定的故障器件的更换、导线的修理,要进行分析、验证,说出损坏原因
	(6)故障诊断排除过程中,哪些方面起到了决定性的作用? 为什么?
实训结论	
疑问	
指导教师	实训评价	

实训项目 18

实训内容：故障诊断——柴油发动机无法起动。

实训器材：整车实训车辆、柴油机试验台架、万用表、测试灯以及三角挡块。

实训指导：

1. 参考学时及实训建议

本实训项目计划 2 课时；采用分组轮流实训的方法，每组学生需配备一名实践指导教师，负责对学生组织、管理、示范、指导、讲解以及安全操作。

2. 操作步骤

（1）在整车实训车辆或试验台架进行。

（2）由实践指导老师提前设置故障。

（3）所有故障诊断均以电控系统为主，采用常规检测工具。

3. 实训报告

实训报告

班级		实训者		时间	
实训项目	故障诊断:柴油发动机无法起动 故障现象:起动时,起动机转速正常,发动机运转但没有着车迹象(以博世六缸共轨为例,参看图3-130)				
实训目的	熟悉电控发动机起动必备条件,明确诊断思路,掌握诊断流程、方法				
准备工具	现场记录笔记本、笔				
注意事项	拔插器件时一定要断电,特别是电磁线圈类器件				
实训过程	(1)根据故障现象描述,首先要验证故障现象与描述是否相符 (2)列出发动机要想有着车迹象需要正常工作的电路和相关器件 (3)根据上述所列发动机要想有着车迹象必须具备的条件,分析最有可能导致故障的原因(尽可能按主次排序) 重点怀疑哪个故障原因,为什么? (4)制定诊断维修方案 　故障原因中首先检查什么,其次检查什么,如何检测,采用什么手段,要描述清楚 (5)故障排除 　对最终确定的故障器件的更换、导线的修理,要进行分析、验证,说出损坏原因				

	(6)故障诊断排除过程中,哪些方面起到了决定性的作用? 为什么?
实训过程	
实训结论	
疑问	
指导教师	实训评价

实训项目 19

实训内容：故障诊断——柴油发动机起动困难。

实训器材：整车实训车辆、柴油机试验台架、万用表、测试灯以及三角挡块。

实训指导：

1. 参考学时及实训建议

本实训项目计划 2 课时；采用分组轮流实训的方法，每组学生需配备一名实践指导教师，负责对学生组织、管理、示范、指导、讲解以及安全操作。

2. 操作步骤

（1）在整车实训车辆或试验台架进行。

（2）由实践指导老师提前设置故障。

（3）所有故障诊断均以电控系统为主，采用常规检测工具。

3. 实训报告

实训报告

班级		实训者		时间	
实训项目	故障诊断:柴油发动机起动困难 故障现象:起动时,起动机转速正常,发动机运转,但起动困难,需多次较长时间方可着车,热车后一切正常,预热指示灯不亮(以电装六缸共轨为例,参看图 3-156)				
实训目的	熟悉柴油发动机预热控制电路,明确诊断思路,掌握诊断流程、方法				
准备工具	现场记录笔记本、笔				
注意事项	拔插器件时一定要断电,特别是电磁线圈类器件				
实训过程	(1)根据故障现象描述,首先要验证故障现象与描述是否相符				

实训过程	(2)绘制该车发动机预热控制电路原理图 (3)分析并列出可能导致故障现象的原因(尽可能按主次排序) 重点怀疑哪个故障原因,为什么? (4)制定诊断维修方案 　故障原因中首先检查什么,其次检查什么,如何检测,采用什么手段,要描述清楚 (5)故障排除 　对最终确定的故障器件的更换、导线的修理,要进行分析、验证,说出损坏原因 (6)故障诊断排除过程中,哪些方面起到了决定性的作用?为什么?
实训结论	
疑问	
指导教师		实训评价	

实训项目 20

实训内容：故障诊断——柴油发动机起动困难。

实训器材：整车实训车辆、柴油机试验台架、万用表、测试灯以及三角挡块。

实训指导：

1. 参考学时及实训建议

本实训项目计划 2 课时；采用分组轮流实训的方法，每组学生需配备一名实践指导教师，负责对学生组织、管理、示范、指导、讲解以及安全操作。

2. 操作步骤

（1）在整车实训车辆或试验台架进行。

（2）由实践指导老师提前设置故障。

（3）所有故障诊断均以电控系统为主，采用常规检测工具。

3. 实训报告

实训报告

班级		实训者		时间	
实训项目	故障诊断：柴油发动机无法起动 故障现象：起动时，起动机转速正常，发动机运转但无着车迹象，驾驶人称之前来过的修理工判断燃油计量阀没电（以电装六缸共轨为例，参看图 3-156）				
实训目的	熟悉柴油发动机燃油计量阀控制电路，明确诊断思路，掌握诊断流程、方法				
准备工具	现场记录笔记本、笔				
注意事项	拔插器件时一定要断电，特别是电磁线圈类器件				
实训过程	（1）根据故障现象描述，首先要验证故障现象与描述是否相符 （2）绘制该车发动机燃油计量阀控制电路原理图 （3）分析并列出可能导致故障现象的原因（尽可能按主次排序）				

实训过程	重点怀疑哪个故障原因,为什么?		
	(4)制定诊断维修方案 故障原因中首先检查什么,其次检查什么,如何检测,采用什么手段,要描述清楚		
	(5)故障排除 对最终确定的故障器件的更换、导线的修理,要进行分析、验证,说出损坏原因		
	(6)故障诊断排除过程中,哪些方面起到了决定性的作用?为什么?		
实训结论			
疑问			
指导教师		实训评价	

实训项目 21

实训内容：故障诊断——柴油发动机最高 1000r/min。

实训器材：整车实训车辆、柴油机试验台架、万用表、测试灯以及三角挡块。

实训指导：

1. 参考学时及实训建议

本实训项目计划 2 课时；采用分组轮流实训的方法，每组学生需配备一名实践指导教师，负责对学生组织、管理、示范、指导、讲解以及安全操作。

2. 操作步骤

（1）在整车实训车辆或试验台架进行。

（2）由实践指导老师提前设置故障。

（3）所有故障诊断均以电控系统为主，采用常规检测工具。

3. 实训报告

实训报告

班级		实训者		时间	
实训项目	故障诊断：柴油发动机最高 1000r/min，无法正常运行。 故障现象：起动正常，无论热车、冷车、急速 1000r/min，踩踏加速踏板无法提高转速（以博世六缸共轨为例，参看图 3-130）				
实训目的	熟悉柴油发动机主要传感器电路，明确诊断思路，掌握诊断流程、方法				
准备工具	现场记录笔记本、笔				
注意事项	拔插器件时一定要断电，特别是电磁线圈类器件				
实训过程	（1）根据故障现象描述，首先要验证故障现象与描述是否相符 （2）绘制该车发动机主要传感器电路原理图 （3）认真阅读项目五故障案例分析，列出可能导致故障现象的原因（遵循先简后繁原则排序） 重点怀疑哪个故障原因，为什么？				

	（4）制定诊断维修方案 　　故障原因中首先检查什么,其次检查什么,如何检测,采用什么手段,要描述清楚
实训过程	（5）故障排除 　对最终确定的故障器件的更换、导线的修理,要进行分析、验证,说出损坏原因
	（6）故障诊断排除过程中,哪些方面起到了决定性的作用? 为什么?
实训结论	
疑问	
指导教师	实训评价

实训项目 22

实训内容：故障诊断——柴油发动机最高 1500r/min。

实训器材：整车实训车辆、柴油机试验台架、万用表、测试灯以及三角挡块。

实训指导：

1. 参考学时及实训建议

本实训项目计划 2 课时；采用分组轮流实训的方法，每组学生需配备一名实践指导教师，负责对学生组织、管理、示范、指导、讲解以及安全操作。

2. 操作步骤

（1）在整车实训车辆或试验台架进行。

（2）由实践指导老师提前设置故障。

（3）所有故障诊断均以电控系统为主，采用常规检测工具。

3. 实训报告

实训报告

班级		实训者		时间	
实训项目	故障诊断:柴油发动机最高1500r/min,无法正常运行。 故障现象:起动正常,无论热车、冷车,最高只能加速到1500r/min(以博世六缸共轨为例,参看图3-130)				
实训目的	熟悉柴油发动机主要传感器电路,明确诊断思路,掌握诊断流程、方法				
准备工具	现场记录笔记本、笔				
注意事项	拔插器件时一定要断电,特别是电磁线圈类器件				
实训过程	(1)根据故障现象描述,首先要验证故障现象与描述是否相符 (2)绘制该车发动机主要传感器电路原理图 (3)认真阅读项目五故障案例分析,列出可能导致故障现象的原因(遵循先简后繁原则排序) 重点怀疑哪个故障原因,为什么? (4)制定诊断维修方案 故障原因中首先检查什么,其次检查什么,如何检测,采用什么手段,要描述清楚				

实训过程	（5）故障排除 　对最终确定的故障器件的更换、导线的修理,要进行分析、验证,说出损坏原因 （6）故障诊断排除过程中,哪些方面起到了决定性的作用？为什么？
实训结论	
疑问	
指导教师	实训评价